Rosario Surace

Preghiere e devozioni

Rosario Surace

Preghiere e devozioni

Meditando gli scritti di San Gaetano Catanoso

Edizioni Sant'Antonio

Impressum / Stampa
Bibliografische Information der Deutschen Nationalbibliothek: Die Deutsche Nationalbibliothek verzeichnet diese Publikation in der Deutschen Nationalbibliografie; detaillierte bibliografische Daten sind im Internet über http://dnb.d-nb.de abrufbar.

Informazione bibliografica pubblicata da Deutsche Nationalbibliothek (Biblioteca Nazionale Tedesca): la Deutsche Nationalbibliothek novera questa pubblicazione su Deutsche Nationalbibliografie. Dati bibliografici più dettagliati sono disponibili in internet al sito web http://dnb.d-nb.de.

Coverbild / Immagine di copertina: www.ingimage.com

Verlag / Editore:
Edizioni Accademiche Italiane
ist ein Imprint der / è un marchio di
OmniScriptum GmbH & Co. KG
Heinrich-Böcking-Str. 6-8, 66121 Saarbrücken, Deutschland / Germania
Email / Posta Elettronica: info@edizioni-ai.com

Herstellung: siehe letzte Seite /
Pubblicato: vedi ultima pagina
ISBN: 978-3-639-60628-7

Preghiere e Devozioni
meditando gli scritti di San Gaetano Catanoso

Parrocchia San Gaetano Catanoso
Reggio Calabria

Arcidiocesi di Reggio Calabria - Bova

Il Vicario Generale

Prot. n. 182/11

Esaminato il testo *"Raccolta di preghiere e devozioni",* nuova versione 2010, non sono stati riscontrati errori dottrinali e/o morali.
Pertanto **NIHIL OBSTAT QUOMINUS IMPRIMATUR.**

Reggio Calabria, 04 maggio 2011

Mons. Antonino Iachino

Vicario Generale

Via Tommaso Campanella, 63 - 89127 'Reggio Calabria - tel. 0965385517, fax, 0965330963

Indice

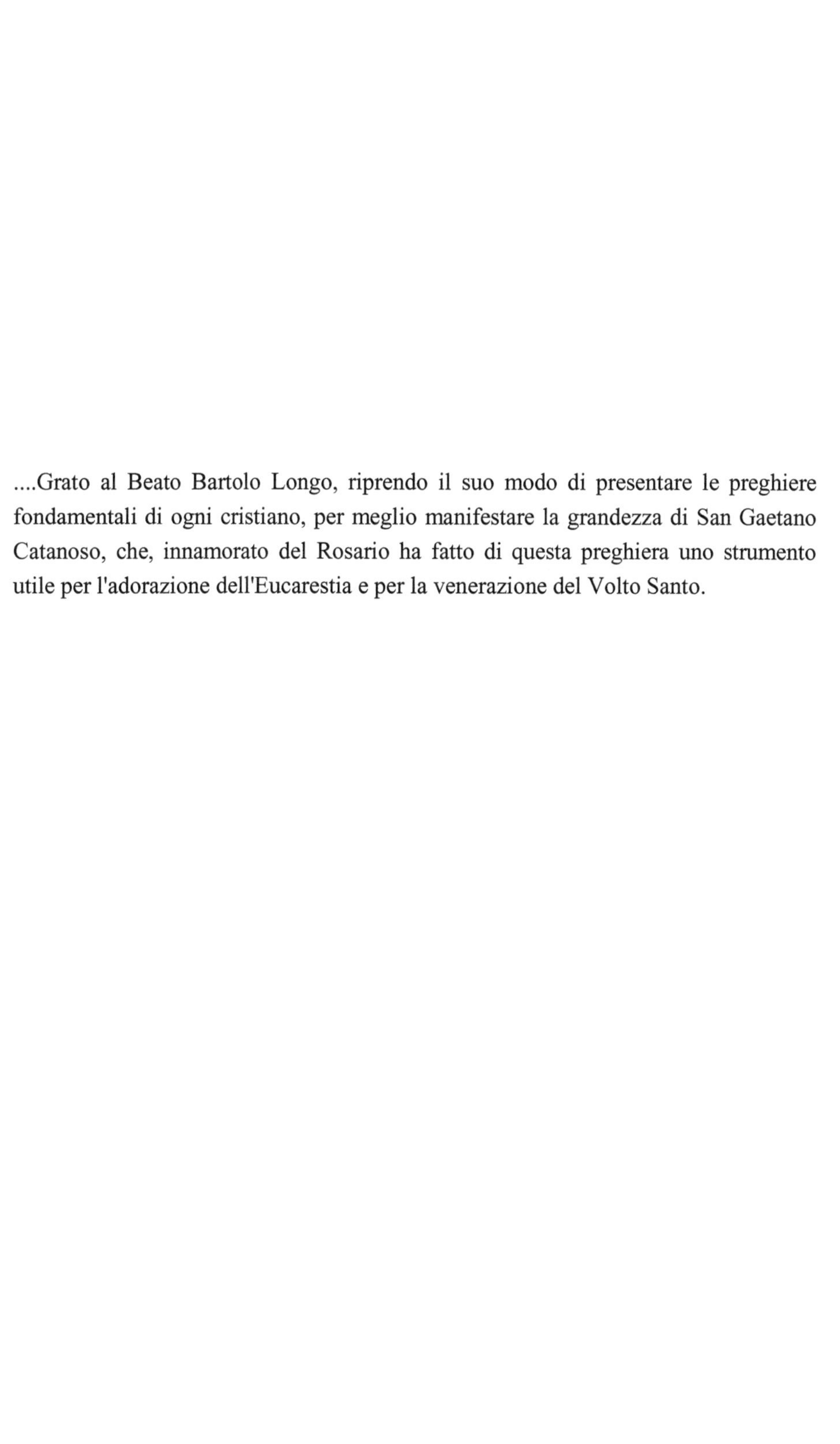

....Grato al Beato Bartolo Longo, riprendo il suo modo di presentare le preghiere fondamentali di ogni cristiano, per meglio manifestare la grandezza di San Gaetano Catanoso, che, innamorato del Rosario ha fatto di questa preghiera uno strumento utile per l'adorazione dell'Eucarestia e per la venerazione del Volto Santo.

Prefazione

I

Questo volumetto vuole essere un aiuto a tutti coloro che nel vivere quotidiano vogliono ringraziare la Misericordia di Dio per la vita ricevuta in dono, per la Chiesa che nel nome di Cristo nostro Signore e fondatore ci aiuta a riscoprire i Sacramenti ricevuti, sostenuti dall'intercessione della Vergine Maria e San Gaetano Catanoso.

Il Cristiano nel ricevere il Battesimo è segnato con il segno della Croce, questo segno lo deve accompagnare per tutta la vita perché è un segno d'appartenenza a Cristo. Prima di iniziare la giornata è bene fare così: metto la mano destra sulla fronte dicendo: "Nel nome del Padre"; poi sul petto, dicendo "e del Figlio"; alla spalla sinistra e poi alla destra dicendo "e dello Spirito Santo Amen".

Vediamo brevemente nei misteri principali della fede gli insegnamenti di Gesù.

La vita, il mondo, e tutto ciò che è buono è un dono di Dio. Credo in un solo Dio, Padre onnipotente, creatore del cielo e della terra.

Gesù, Figlio di Dio si è incarnato, per noi ha sofferto la crocifissione ed è risorto per la nostra salvezza. Credo in un solo Signore, Gesù Cristo, Unigenito Figlio di Dio, che è morto e risorto per noi.

Il suo ritorno al cospetto del Padre ha significato per noi il dono dello Spirito Santo. Credo nello Spirito Santo che è Signore e da la vita. Noi cristiani, che siamo chiamati a seguirlo dobbiamo rispondere con questa fede. Questi misteri sono racchiusi nel segno della croce: segno che per i credenti diventa strumento di salvezza, albero di vita eterna, luogo dove ci ha amato il Signore.

Il curatore

Rosario Surace Diacono

Presentazione della raccolta di preghiere e devozioni.

II

Una raccolta di questo tipo, che aiuti a pregare, è certamente cosa gradita a San Gaetano Catanoso, che nella sua spiritualità riservò un ampio spazio alla preghiera e alle devozioni personali e compose vari sussidi per animare la preghiera e la vita spirituale dei suoi figli.

Anche l'idea di organizzare e animare i pellegrinaggi al Santuario del Volto Santo che fu sogno della sua vita: "Non sarà come il Duomo, che ci vuole cannocchiale per vedere l'altare". Lo immaginava grande, bello , pieno luce, in modo da accogliere anche i fedeli della zona e di tutta la Calabria: "Costruiremo il Santuario del Volto Santo, con adorazione quotidiana, e sarà il Santuario di tutta la Calabria: lì si pregherà e si riparerà". Nel Suo cuore focalizzava il suo sogno: " Le anime stanche verranno qui, faranno questa bella passeggiata e già si rasse-reneranno, poi, in Chiesa parleranno a Gesù sacramentato e troveranno con lui la pace .. Sara un rifugio per le anime".

Quando si concretizza il progetto, "lo ricordo — attesta la dott.ssa Antonia Assunta Paladino°, sua figlia spirituale, con quanta trepida-zione mi mostrava le prime foto del progetto del Santuario. Le teneva sul tavolo: non vedeva più, ma ne descriveva le modifiche che dovevano essere apportate, parlava del terreno che non aveva e che bisognava comprare, al posto dove voleva che sorgesse. "Qui, vedi, al posto di questa stanzetta che fa da cappella, verrà il tempio del Volto Santo. Ecco... lì dovrebbe esserci l'altare, lì il posto dell'adorazione eucaristica" e aggiungeva con tristezza: "Chissà se il Signore me lo farà vedere! Ma io non vedo più!" E poi con fiducia continuava: "Lo vedrò con gli occhi della mente, con gli occhi del cuore. Che gioia.... L'adorazione perpetua... La riparazione continua... Le anime che hanno bisogno, inginocchiate qui davanti a Cristo sofferente... E' lui stesso che tergerà le loro lacrime!...". Non aveva ancora comprato il terreno e già si proponeva: "Quando saranno alzate le mura, io mi trascinerò lì e celebreremo la prima Messa. Non importa se saranno solo mattoni, poi l'abbelliranno, e non m'importa di morire". Le mura le vide alzare dal Paradiso... Ora possa vedere edificarsi il tempio di Dio in ogni suo devoto.

Sac. Martinoco Domenico

III

Nel corso dei secoli sono salite a Dio, dal cuore dei fedeli, numerose preghiere con cui essi di nuovo si indirizzano a Dio.

Preghiere come quelle scaturite dal cuore dei Santi, preghiere semplici, senza pretese teologiche, prive di frasi ad effetto per suscitare emozioni o consensi. Preghiere quelle riportate in questo libretto antiche ma sempre nuove, perchè semplici, perchè sgorgate da anime che cercano il Signore, cercano qualcosa, anzi Qualcuno che può darci ascolto e a cui tendere perchè la vita sia, ciò che deve essere. C'è un incapacità di pregare e di parlare ad un Dio che sembra nascosto e lontano, Gesù ai discepoli insegna come pregare: "Padre nostro...." una preghiera che si pone con fiducia davanti a Dio, che non serve tanto per ottenere delle cose, ma per diventare migliori.

Una preghiera che non dice 'dove' adorare, ma 'come' adorare "in spirito e verità".

Sono molto compiaciuto per la raccolta di preghiere che il diacono Rosario Surace, della parrocchia di San Gaetano Catanoso, dove sono parroco, ci propone con estrema semplicità. Preghiere che ci accompagnano lungo tutte le vicende della nostra vita e che ci aiutano a celebrare la liturgia della Chiesa pregando. Mosè il grande amico di Dio prega così: "Che il Signore cammini in mezzo a noi, venga in mezzo alla sua gente." Non resti sul monte, ma scenda e si perda in mezzo al calpestio del popolo. Nella polvere dei sentieri lo spirito accende profeti e orizzonti, il figlio ci cammina accanto.

Il mio augurio per ciascuno è il dono, di trovare sempre in Dio, attraverso la preghiera, qualcosa capace di rubare il cuore, e qualcuno lungo la strada, come San Gaetano Catanoso, che ci parli di Dio, in modo di ascoltarlo, e rimanere col cuore ardente di fede, speranza e carità.

Reggio Calabria 08/05/2011
III Domenica di Pasqua

Parrocchia San Gaetano Catanoso
Il Parroco
Don Giuseppe Sorbara

Credo o simbolo degli Apostoli

Credo in un solo Dio, Padre Onnipotente, creatore del cielo e della terra, di tutte le cose visibili e invisibili.
Credo in un solo Signore Gesù Cristo, Unigenito figlio di Dio nato dal Padre prima di tutti i secoli. Dio da Dio, Luce da Luce, Dio vero da Dio vero, generato, non creato, dalla stessa sostanza del Padre; per mezzo di Lui tutte le cose sono state create. Per noi uomini e per la nostra salvezza discese dal cielo e per opera dello Spirito Santo si è incarnato nel seno della Vergine Maria e si è fatto uomo. Fu crocifisso per noi sotto Ponzio Pilato, morì e fu sepolto. Il terzo giorno è resuscitato secondo le Scritture, è salito al Cielo, siede alle destra del Padre e di nuovo verrà nella gloria per giudicare i vivi e i morti ed il suo Regno non avrà fine.
Credo nello Spirito Santo che è Signore e dà la vita e procede dal Padre e dal Figlio, con il Padre ed il Figlio è adorato e glorificato e ha parlato per mezzo dei profeti.
Credo la Chiesa, una, santa, cattolica e apostolica.
Professo un solo battesimo per il perdono dei peccati. Aspetto la resurrezione dei morti e la vita del mondo che verrà. Amen

oppure

Credo in Dio, Padre onnipotente, Creatore del cielo e della terra.
E in Gesù Cristo, Suo unico Figlio, nostro Signore;
il quale fu concepito di Spirito Santo, nacque da Maria vergine; patì sotto Ponzio Pilato, fu crocifisso, morì e fu sepolto; discese agli inferi; il terzo giorno risuscitò da morte; salì al cielo; siede alla destra di Dio Padre onnipotente; di là verrà per giudicare i vivi ed i morti.
Credo nello Spirito Santo; la santa Chiesa cattolica; la comunione dei santi; la remissione dei peccati; la risurrezione della carne;
la vita eterna. Amen

Virtù teologali

Fede,
Speranza
e Carità

Atto di fede

Mio Dio, perché sei verità infallibile credo tutto quello che Tu hai rivelato e la Santa Chiesa ci propone a credere.
Credo in Te, unico vero Dio, in tre persone uguali e distinte, Padre e Figlio e Spirito Santo.
Credo in Gesù Cristo, Figlio di Dio, incarnato, morto e risorto per noi, il quale darà a ciascuno, secondo i meriti, il premio o la pena eterna.
Conforme a questa fede voglio sempre vivere.Signore accresci la mia fede. Amen.

Atto di speranza

Mio Dio, spero dalla tua bontà, per le tue promesse e per i meriti di Gesù Cristo, nostro Salvatore, la vita eterna e le grazie necessarie per meritarla con le buone opere, che io debbo e voglio fare.Signore che io possa goderti in eterno

Atto di carità

Mio Dio, ti amo con tutto il cuore sopra ogni cosa, perché sei bene infinito e nostra eterna felicità; e per amor tuo amo il prossimo come me stesso e perdono le offese ricevute.Signore, che io ti ami sempre più.

Atto di dolore

Mio Dio, mi pento e mi dolgo con tutto il cuore dei miei peccati, perché peccando ho meritato i tuoi castighi, e molto più perché ho offeso te, infinitamente buono e degno di essere amato sopra ogni cosa.Propongo con il tuo santo aiuto di non offenderti mai più e di fuggire le occasioni prossime di peccato. Signore, misericordia, perdonami.

I comandamenti di Dio

I comandamenti sono come una legge scritta nel cuore degli uomini, scoprire l'impossibilità di viverla ci deve portare a chiedere aiuto allo Spirito Santo che ci doni di adorare Dio per poter vivere nella pace.

Io sono, il Signore, Dio tuo!
1) Non avrai altro Dio di fronte a me.
2) Non pronunziare invano il nome del Signore tuo Dio.
3) Ricordati di santificare le feste.
4) Onora tuo padre e tua madre.
5) Non uccidere.
6) Non commettere atti impuri.
7) Non rubare.
8) Non pronunziare falsa testimonianza.
9) Non desiderare la donna d'altri.
10) Non desiderare la roba d'altri.

La legge che Dio ha dato per mezzo di Mosè, si riassume nel comandamento della carità.
Ama il Signore Dio tuo, con tutto il tuo cuore, con tutta la tua mente, con tutta la tua forza.
Ama il prossimo come te stesso.

I precetti della Chiesa

1) Partecipare alla Messa la Domenica e le altre feste comandate.
2) Santificare i giorni di penitenza, secondo le Disposizioni della Chiesa.
3) Confessarsi almeno una volta all'anno, E comunicarsi a Pasqua.
4) Soccorrere alle necessità della Chiesa, Contribuendo secondo le leggi e le usanze.
5) Non celebrare solennemente le nozze nei tempi proibiti (Avvento-Quaresima).

Il peccato

1. Originale: è l'esistenza in ogni uomo di un vero e proprio peccato, anteriore ad ogni libero e cosciente atto della persona, un peccato che deriva all'uomo da un atto peccaminoso e personale risalente alle origini dell'umanità. Da esso siamo liberati mediante il Sacramento del Battesimo.
2. Attuale: è la libera scelta dell'uomo di fare il male. Dal peccato attuale commesso dopo il Battesimo siamo liberati mediante il Sacramento della Penitenza.

I vizi capitali sono sette

1. L a superbia contro l'umiltà.
2. L'avarizia contro la generosità.
3. La lussuria contro la castità.
4. L'ira contro la pazienza.
5. La gola contro l'astinenza.
6. L'invidia contro l'amore fraterno.
7. L'accidia contro la diligenza.

I Sacramenti

I Sacramenti sono sette: Battesimo, Confermazione, Eucaristia, Penitenza, Unzione degli Infermi, Ordine Sacro e Matrimonio.
I sacramenti sono le azioni fondamentali con le quali Gesù Cristo dona ai fedeli il Suo Spirito e li unisce intimamente a Sé e tra loro, facendone un popolo Santo, che si offre con Lui e in Lui in oblazione gradita al Padre, per l'edificazione del suo regno.

Per fare una buona Confessione

1. Fare un buon esame di coscienza.
2. Dolersi con tutto il cuore per aver offe so Dio.
3. Fare proponimento col suo aiuto di non offenderlo mai più.
4. Dire tutti i peccati al confessore.
5. Fare la penitenza consigliata dal confessore.

Per ben Comunicarsi

1. Essere in grazia di Dio.
2. Meditare bene chi si va a ricevere.
3. Essere digiuni da almeno un'ora.

(L'acqua e le medicine non rompono il digiuno, gli ammalati sono esenti dal digiuno).

Realtà ultime dell'uomo

In Gesù Cristo e per il Suo mistero, i credenti vivono fin d'ora, come in embrione, le ultime realtà della storia della salvezza.
Esse però diverranno palesi e perfette nella parusia, quando Cristo verrà come giudice dei vivi e dei morti, a concludere la storia e a consegnare il regno al Padre.
Verranno allora la nuova terra e i nuovi cieli.
Il disegno di Dio, di ricapitolare ogni cosa in Cristo, sarà compiuto e Dio sarà tutto in tutti.
Quando verrà il giorno della morte, la vita non verrà tolta, ma trasformata. In un modo nuovo andremo incontro a Gesù, ciascuno per ricevere la ricompensa di ciò che ha fatto su questa terra. 27(cfr. Apocalisse, 14,13).
Molti vivono come se questa terra fosse la loro casa per sempre; vivono come se non dovessero morire mai. Nel giorno della morte, i denarie le ricchezze non conteranno nulla. Chi lo dimentica e vuol tenere tutto per sé, corre il rischio di non ricevere niente da nessuno, in quel giorno.
Rischia di rimanere solo e triste, lontano da Dio, per sempre. Sarà l'inferno. Il Signore un giorno verrà e farà nuove tutte le cose. Gesù chiamerà ciascuno per nome, in quel giorno; sarà il giorno del giudizio (cfr. Mt.25,31-40).
I morti risorgeranno, quanti fecero il bene per una risurrezione di vita, e quanti fecero il male per una risurrezione di condanna.
Come sarà il paradiso? Il paradiso è gioia senza fine: vivremo per sempre con Dio, Padre e Figlio e Spirito Santo.

Il Cristiano prega così
Padre nostro

Padre nostro che sei nei cieli,
sia santificato il tuo nome,
venga il tuo regno, sia fatta la tua volontà,
come in cielo, così in terra.
Dacci oggi il nostro pane quotidiano,
e rimetti a noi i nostri debiti,
come noi li rimettiamo ai nostri debitori,
e non c'indurre in tentazione,
ma liberaci dal male. Amen.

Ave Maria

Ave, o Maria, piena di grazia;
il Signore è con te;
Tu sei Benedetta fra le donne,
e benedetto è il frutto del tuo seno, Gesù.
Santa Maria, Madre di Dio,
prega per noi peccatori,
adesso e nell'ora della nostra morte. Amen

Gloria al Padre

Gloria al Padre e al Figlio e allo Spirito Santo,
come era nel principio, e ora e sempre,
nei secoli dei secoli. Amen

All'Angelo Custode

Angelo di Dio, che sei il mio Custode,
illumina,custodisci, reggi e governa me,
che ti fui affidato dalla pietà celeste. Amen

Per i defunti

L'eterno riposo dona loro, o Signore,
e splenda ad essi la luce perpetua.
Riposino in pace. Amen

Salve Regina

Salve, Regina, Madre di misericordia;
vita, dolcezza e speranza nostra salve.
A te ricorriamo, noi esuli figli di Eva;
a te sospiriamo gementi e piangenti
in questa valle di lacrime.
Orsù dunque, Avvocata nostra,
rivolgi a noi quegli occhi tuoi misericordiosie
mostraci, dopo questo esilio, Gesù,
il frutto benedetto del Tuo seno, o clemente,
o pia, o dolce Vergine Maria.

Quando ti alzi al mattino

Ti adoro, mio Dio, e ti amo con tutto il cuore.
Ti ringrazio di avermi creato,
fatto cristiano e conservato in questa notte.
Ti offro le azioni della giornata:
fa' che siano tutte secondo la Tua santa volontà
per la maggior gloria Tua.
Preservami dal peccato e da ogni male.
La Tua grazia sia sempre con me e
con tutti i miei cari. Amen

oppure

Ti benedico o Dio per questo giorno che mi
stai donando.
Donami la Tua amicizia

perché possa viverlo secondo la Tua volontà.
Custodiscimi dagli attacchi del maligno
e fa' che insieme ai miei cari ti possa lodare
nei fatti che permetterai. Amen

Prima di coricarti

Ti adoro, mio Dio, e ti amo con tutto il cuore.
Ti ringrazio d'avermi creato, fatto cristiano
e conservato in questo giorno.
Perdonami il male commesso oggi,
e se qualche bene ho compiuto, accettalo.
Custodiscimi nel riposo e liberami dai pericoli.
La Tua grazia sia sempre con me e con tutti i miei cari. Amen

oppure

Ti ringrazio o Dio
perché a conclusione di questo giorno
mi doni d'innalzare a Te questa preghiera.
Perdonami per le colpe commesse,
donami insieme ai miei cari
un sano riposo per le membra
e poni nel mio cuore
il desiderio e la gioia d'innalzare
a Te lodi e benedizioni
e gloria nel giorno che verrà. Amen

All'Angelo del Signore

V. L'Angelo del Signore portò l'annunzio a Maria.
R. Ed ella concepì per opera dello Spirito Santo.Ave, o Maria.
V. Ecco la Serva del Signore.
R. Si compia in me la tua volontà.Ave, o Maria
V. Il Verbo si fece carne.
R. E venne ad abitare in mezzo a noi.Ave, o Maria

V. Prega per noi, santa Madre di Dio.
R. Affinché diveniamo degni delle promesse di Cristo.

Orazione
Infondi nel nostro spirito la Tua grazia, o Signore: Tu, che all'annunzio dell'Angelo, ci hai rivelato l'Incarnazione del Tuo Figlio, per la Sua passione e la Fua croce, guidaci alla gloria della Risurrezione.
Per Cristo nostro Signore. Amen
(tre gloria alla santissima Trinità)

In riparazione delle bestemmie

Dio sia benedetto.
Benedetto il Suo santo Nome.
Benedetto Gesù Cristo vero Dio e vero Uomo.
Benedetto il nome di Gesù.
Benedetto il Suo Sacratissimo Cuore.
Benedetto il Suo Preziosissimo Sangue.
Benedetto Gesù nel SS. Sacramento dell'altare.
Benedetto lo Spirito Santo Paraclito.
Benedetta la gran Madre di Dio, Maria Santissima.
Benedetta la Sua Santa ed Immacolata Concezione.
Benedetta la Sua gloriosa Assunzione.
Benedetto il nome di Maria Vergine e Madre.
Benedetto San Giuseppe Suo castissimo sposo.
Benedetto Dio nei Suoi Angeli e nei Suoi Santi.

Prima di compire delle azioni

Ispira le nostre azioni, Signore, e accompagnale con il tuo aiuto perché ogni nostra attività abbia da Te il suo inizio e in Te il suo compimento.
Per Cristo nostro Signore Amen.

Preghiera per il Papa

O Dio, che nel disegno della Tua sapienza hai edificato la Tua Chiesa sulla roccia di Pietro, capo del collegio apostolico, guarda e sostieni il nostro Papa: Tu che lo hai scelto come successore di Pietro, fa' che sia per il Tuo popolo principio e fondamento visibile dell'unità nella fede e della comunione nella carità.
Per Cristo nostro Signore. Amen.

Preghiera per il vescovo

O Dio, pastore eterno,
che edifichi la Chiesa
con la varietà dei tuoi doni,
e la governi con la forza dello Spirito Santo
concedi al tuo servo nostro Vescovo….
di presiederla nel nome di Cristo tuo Figlio e nostro Signore
come maestro, Sacerdote e pastore.
Per Cristo nostro Signore. Amen

Preghiera a San Gaetano Catanoso

Signore Gesù Cristo,
che donasti alla Veronica
l'immagine del Tuo Santo Volto,
sofferente per i nostri peccati,
donaci, per l'intercessione e i meriti di San Gaetano Catanoso,
di riconoscerTi nel volto dei nostri fratelli
e di saper affrontare l'umana debolezza,
facendo così l'esperienza del Cireneo,
che nel portare la croce,
scoprì la Tua dolce presenza.
Signore, facci essere degni testimoni del Tuo amore. Amen

Prima della Confessione

Ti prego mio Dio,
guardami con i Tuoi occhi ricchi di misericordia
e permettimi di far ritorno a Te
dopo aver peccato, Ti ho offeso, Signore,
ma con il Tuo aiuto posso purificarmi.
Dammi la grazia
di fare una buona confessionemetti
dinanzi a me i peccati che ti anno offeso,
fammi riconoscere i limiti che fanno parte della
mia natura, e aiutami a riconoscere
la necessità del tuo aiuto,
senza il quale nulla di buono posso fare.

Esame di coscienza:
hai osservato i comandamenti di Dio,
i precetti della Chiesa,
gli obblighi del tuo stato.
Ora presentati con umiltà al sacerdote,
e riconosci che attraverso lui Cristo ti accoglie per perdonarti.

Dopo la Confessione

Penitenza
Potendo eseguire subito la penitenza imposta dal confessore, rinnova il proposito di non offendere Dio, chiedi l'aiuto, necessario affinché il peccato che commetti con più frequenza possa essere vinto.

Prima della Comunione

Atto di fede (pag. 14)
Atto di Speranza (pag. 14)
Atto di Carità (pag. 14)

Atto di desiderio e di Amore

Sono indegno di riceverti, mio Signore, però desidero ardentemente unirmi a Te, perché Tu sei la mia vita, Ti amo sopra tutte le cose.
Vieni, nel mio povero cuore; purificalo o Gesù mio, fa che io viva sempre del Tuo amore.

Dopo la Comunione

Ti adoro, Gesù mio, Ti ringrazio, perché Ti sei degnato di venire in persona a visitare la miserabile anima mia.
Signore, resta sempre in me con la Tua grazia;proteggimi dalle cadute di peccato e fa che in questa vita Ti ami sempre per poi amarti pienamente in paradiso. Amen

oppure

Ti ringrazio o Dio di avermi donato il nutrimento della S. Eucaristia.
Fa' che il corpo e il sangue del Tuo diletto Figlio e mio Signore mi fortifichi e illumini i fatti che Tu permetti nella mia vita, possa così io vivere secondo la Tua volontà ed esserTi testimone.

Il Rosario: Corona Mistica

(cfr.Il Volto Santo, Settembre 1936)

Il Rosario, è una manifestazione della nostra fede cristiana: sorgente di ogni grazia.
La Vergine donando a San Domenico la mistica corona, gli spiegò l'arcano potere, per sconfiggere le eresie, sradicare i vizi, promuovere le virtù, implorare la divina misericordia.
Glorificare e difendere la Santa Chiesa.
Il Rosario è lo specchio della fede, della vita, dell'eternità.
Vi splendono il gaudio, la luce, il dolore, la gloria.
Il Rosario è la scuola della vita.
Ogni Ave è una virtù Mariana che fiammeggia sui grani della corona detta Rosario, perché intrecciata di rose.

Il Rosario, corona mariana dal cuore Cristologico

I misteri del Rosario, potremmo dire che ci mettono in comunione con Gesù attraverso il cuore di Maria Sua Madre.
Recitare il Rosario, non è altro che contemplare con Maria il volto di Gesù.
Recitare il Rosario significa sentirsi chiamato al servizio della pace, in famiglia, è aiuto efficace contro le forze disgregatrici a livello ideologico e pratico.
Per potenziare lo spessore Cristologico del Rosario e possa dirsi in modo più pieno (compendio del Vangelo) è opportuno abbracciare anche i misteri della vita pubblica di Cristo tra il Battesimo e la Passione, è questo il tempo in cui il mistero di Cristo si mostra a titolo speciale quale mistero di luce: "Finché sono nel mondo, sono la luce del mondo" (Gv9,5)(cfr. Rosarium Virginis Mariae, di G. Paolo II)

Recita del Santo Rosario

Nel nome del Padre e del Figlio e dello Spirito Santo. Amen
O Dio vieni a salvarmi.
R. Signore vieni presto in mio aiuto.
Gloria al Padre,

Misteri Gaudiosi
Lunedì

Maria è il giglio di purità, annunziata dall'Angelo;
specchio d'umiltà, è la visitatrice di Elisabetta;
la madre dell'uomo Dio, nella povera stalla di Betlemme;
la maestra ammirabile d'ubbidienza quando presenta al tempio Gesù;
l'esempio di pazienza, quando il Figlio che ha smarrito, cercandolo per tre giorni, infine lo ritrova tra i dottori nel tempio.

1. Maria è il giglio immacolato, che all'annunzio dell'Angelo donò il Suo sì (cfr.Lc.1, 26-38).

Orazione: Maria Tu che hai accolto la Preghiera di San Gaetano e lo hai guidato a compiere la volontà di Dio nel servizio sacerdotale, per sua intercessione sostieni anche me affinché il mio piccolo sì possa crescere all'ombra del Tuo si.

Si reciti un *Padre Nostro*, dieci *Ave Maria* ed un *Gloria al Padre*. Successivamente si prega con delle giaculatorie.

Dopo il gloria di ogni decina si consigliano le seguenti ***giaculatorie:***
San Gaetano Catanoso, prega per noi.

O Gesù mio, perdona le nostre colpe, preservaci dal fuoco dell'inferno, porta in cielo tutte le anime, specialmente le più bisognose della Tua misericordia.

2. Maria è lo specchio d'umiltà dove si può specchiare l'umanità, e la visitatrice di Elisabetta. (cfr. Lc. 1, 39-56)

Orazione: Maria hai mostrato a San Gaetano come vedere nel volto dei fratelli Tuo Figlio sofferente; per sua intercessione donami di fare la stessa esperienza di vita. – Padre nostro,

Si reciti un *Padre Nostro*, dieci *Ave Maria* ed un *Gloria al Padre*. Successivamente le giaculatorie.

3. Maria la Madre dell'Uomo Dio, nella povera stalla di Betlemme, è maestra ammirabile di ubbidienza. (cfr. Lc. 2, 1-20)

Orazione: Maria hai sostenuto San Gaetano e nella sua ubbidienza alla Chiesa hai indicato anche a noi la via da seguire; per sua intercessione allontana la tentazione della disubbidienza dalla nostra vita.

Si reciti un *Padre Nostro*, dieci *Ave Maria* ed un *Gloria al Padre*. Successivamente le giaculatorie.

4. Maria presenta Gesù al Tempio, per offrirlo al Padre. Ella diventa così l'esempio di madre paziente e fiduciosa nel disegno divino. (cfr. Lc. 2, 22-40)

Orazione: Maria sul Tuo esempio San Gaetano ha sempre testimoniato che essere pazienti significa dominare la tentazione di volere tutto e subito, per Sua intercessione donaci di imitarlo sempre.

Si reciti un *Padre Nostro*, dieci *Ave Maria* ed un *Gloria al Padre*. Successivamente le giaculatorie.

5. Maria quando il Figlio si smarrisce, e cercatolo per tre giorni, lo ritrova fra i dottori del Tempio, è esempio di fiducia nella divina protezione. (cfr. Lc. 2, 41-52)

Orazione: O Maria San Gaetano nelle difficoltà e nei momenti di smarrimento ha confidato nella tua Materna protezione; per sua intercessione dona anche a noi di confidare nel Tuo divino aiuto.

Si reciti un *Padre Nostro*, dieci *Ave Maria* ed un *Gloria al Padre*. Successivamente le giaculatorie.

Dolorosi

Martedì – Venerdì

L'ombra della morte viene sul Salvatore del mondo;
il sudore del sangue nell'Orto;
la flagellazione nel Pretorio;
la coronazione di spine;
la salita al Calvario;
la crocifissione e l'atroce agonia.

1. L'ombra della morte viene sul Salvatore del mondo e la divina Sua Madre in silenzio conferma il Suo si. Il sudore di sangue nell'Orto degli Ulivi è il segno dell'umana sofferenza e Maria testimonia col cuore infranto, che Dio è Signore anche nella sofferenza. (cfr. Mt. 26, 36-39)

Orazione: Maria nei momenti di sofferenza e di morte San Gaetano attraverso il Santo Rosario, ha chiesto il Tuo intervento, fa' che anche noi crediamo in questa Santa Preghiera.

Si reciti un *Padre Nostro*, dieci *Ave Maria* ed un *Gloria al Padre*. Successivamente le giaculatorie.

2. La flagellazione nel Pretorio è il segno che il corpo umano ha la necessità di rivestirsi dell'amore di Dio per non perdere la vita. (cfr. Mc. 15, 14-15)

Orazione: Maria l'uomo soffre spesso per cau-sa dei suoi stessi fratelli; fa' che sull'esempio di San Gaetano, rispondiamo a chi ci fa soffrire con invocazioni di perdono e di grazie chiedendo il Tuo Santo intervento presso la misericordia di Dio.

Si reciti un *Padre Nostro*, dieci *Ave Maria* ed un *Gloria al Padre*. Successivamente le giaculatorie.

3. La coronazione di spine è il segno che la mente dell'uomo se cerca la realizzazione delle cose del mondo, riceve sofferenza. (cfr. Mt. 27, 27-30)

Orazione: Maria siamo trascinati dal desiderio del potere, fa' che sull'esempio di San Gaetano, spendiamo almeno parte del tempo che Dio ci
dona per le necessità dei fratelli.

Si reciti un *Padre Nostro*, dieci *Ave Maria* ed un *Gloria al Padre*. Successivamente le giaculatorie.

4. La salita al Calvario è il segno che ogni uomo, anche chi non conosce Cristo, deve percorrere la via della Sua croce. (cfr. Gv. 19-17)

Orazione: O Maria ogni volta che si avvicina una sofferenza ci sentiamo abbandonati da Dio, ti preghiamo fa' che i sacerdoti sull'esempio di San Gaetano sappiano donarci la luce per leggervi la volontà di Dio.

Si reciti un *Padre Nostro*, dieci *Ave Maria* ed un *Gloria al Padre*. Successivamente le giaculatorie.

5. La crocifissione e l'atroce agonia sono il segno che solo chi riconosce Cristo come figlio di Dio troverà anche nella sofferenza e nella morte lo Spirito del Risorto. (cfr. Lc. 23, 33-46)

Orazione: O Maria la paura della morte accompagna la nostra esistenza; fa' che come San Gaetano pensiamo a questo momento per quello che realmente è: il ritorno alla casa del Padre di Misericordia.

Si reciti un *Padre Nostro*, dieci *Ave Maria* ed un *Gloria al Padre*. Successivamente le giaculatorie.

Misteri della Luce

Giovedì(regalo di Giovanni PaoloII)

Il Battesimo nel Giordano (Mc.1,9);
le nozze di Canaan (Gv.2,1)
L'annuncio del Regno di Dio (Mt. 5,23);
la Trasfigurazione (Mt.17,1)
L'istituzione dell'Eucaristia (Mt.26,26)1.
Nostro Signore si fa battezzare nel Giordano, testimoniando la sottomissione alla volontà del Padre (Mc1,9)

1. Nostro Signore si fa battezzare nel Giordano, testimoniando la sottomissione alla volontà del Padre (Mc1,9)

Orazione: Maria non sappiamo dire sì, non comprendiamo la volontà di Dio, fa' che sull'esempio di San Gaetano sappiamo leggere nella nostra storia la volontà di Dio.

Si reciti un *Padre Nostro*, dieci *Ave Maria* ed un *Gloria al Padre*. Successivamente le giaculatorie.

2. Gesù insieme a Maria e agli apostoli partecipa alle nozze di Canaan, facendo presente che nella famiglia umana c'è la necessità della Sua presenza, perché la nostra acqua si trasformi in vino nuovo segno di gioia e allegria. (Gv2,1)

Orazione: Madre Santa alle nozze di Canaan, hai donato ai novelli sposi la presenza del Tuo Diletto Figlio; fa' che anche nel nostro matrimonio quando sta per finire la gioia dello stare insieme l'intervento di nostro Signore possa trasformare la nostra acqua in vino nuovo, e i figli che Dio ci dona possano crescere, come San Gaetano in una famiglia cristiana.

Si reciti un *Padre Nostro*, dieci *Ave Maria* ed un *Gloria al Padre.* Successivamente le giaculatorie.

3. Gesù annuncia il Regno di Dio donando salute agli infermi, manifestando così il potere di Dio sulla debolezza umana (Mt 5,23)

*Orazione:*Vergine Madre donaci di saper seguire come gli Apostoli e San Gaetano il Tuo diletto Figlio, annunciando nel Suo nome il Regno di Dio.

Si reciti un *Padre Nostro*, dieci *Ave Maria* ed un *Gloria al Padre.* Successivamente le giaculatorie.

4. Gesù si trasfigura davanti agli Apostoli, donandoci di poter fare questa esperienza nutrendoci della Sua Parola. (Mt 17,1)

Orazione: Madre della Chiesa, tu conosci la nostra debolezza, donaci il Tuo aiuto, perché possiamo vedere nei fratelli, come San Gaetano, il Santo Volto di Nostro Signore.

Si reciti un *Padre Nostro*, dieci *Ave Maria* ed un *Gloria al Padre.* Successivamente le giaculatorie.

5. Gesù istituisce l'Eucaristia, donandoci un Pane che non perisce e una bevanda che purifica (Mt26,26)

Orazione: Maria, San Gaetano disse che nell'Eucaristia Gesù, ci vede, ci ascolta, riceve i nostri omaggi. Fa' che impariamo come Lui a desiderare nella nostra vita il nutrimento Eucaristico.

Si reciti un *Padre Nostro*, dieci *Ave Maria* ed un *Gloria al Padre.* Successivamente le giaculatorie.

Misteri Gloriosi

Mercoledì, Sabato, Domenica

La risurrezione, primo episodio della gloria.
L'Ascensione il secondo.
Il Dio risuscitato ha lasciato la valle della morte, si è liberato dai ceppi che lo tenevano legato: gioisci Maria Regina del Cielo, il Tuo divino Figlio Ti aspetta per incoronarTi.
Lo Spirito Santo scende sugli Apostoli insieme a Te Maria riuniti nel Cenacolo; l'uomo schiavo già ritrova la pace; la carità, la bontà, la giustizia già presiedono i destini umani, in alto i nostri cuori, la terra sorride, perché già vede la primavera.
Ora la Regina dei Santi e degli Angeli, la Madre del Verbo incarnato, trionfante è Assunta in Cielo e siede sul trono più alto del Paradiso;
attraverso Lei giungono agli uomini le grazie divine, questa è la volontà di Dio tutto si ottenga per mezzo di Lei.
Maria Madre della Misericordia intercede presso il Figlio ed il Figlio presso il Padre.
Il Rosario preghiera meravigliosa, angelica chiave che apre le porte del Paradiso in terra strumento che converte le spine del pianto in rose d'allegria.
(dagli scritti il Volto Santo 09/1936)

1. La Risurrezione, ecco il primo episodio della gloria, tutti accanto a Maria possono essere illuminati. (cfr Mt 29,1-10)

Orazione: Dolce Madre, la luce che Dio Ti ha donato nella Risurrezione di Gesù hai voluto riporla come segno per l'uomo di ogni tempo. San Gaetano si è posto idealmente al Tuo fianco; fa' che anche noi, imitandolo possiamo essere illuminati nel cammino della vita.

Si reciti un *Padre Nostro*, dieci *Ave Maria* ed un *Gloria al Padre*. Successivamente le giaculatorie.

2. L'Ascensione. Il Dio risuscitato ha lasciato la valle della morte, si è liberato dai ceppi: la Divina Maria gioisce con gli Aposto-li, perché Suo Figlio è lassù accanto all'eterno Padre e l'aspetta per incoronarla. (cfr Lc 24,50-52)

Orazione: Madre Santa col Tuo sì hai donato un corpo al Verbo di Dio. Gli Apostoli, nell'Ascensione hanno visto aprirsi la via del cielo percorsa da Gesù. San

Gaetano ha instancabilmente indicato il fine ultimo del credente, fa' che noi possiamo seguendo il suo esempio lavorare nella Chiesa con lo stesso zelo.

Si reciti un *Padre Nostro*, dieci *Ave Maria* ed un *Gloria al Padre*. Successivamente le giaculatorie.

3. Il giorno sta per finire: lo Spirito Santificatore scende sugli Apostoli con Maria nel Cenacolo. La creatura schiava, vede cadere le catene, l'uomo, già vede la sua pace; la carità, la bontà, la giustizia, che è la Misericordia di Dio. (cfr At 2,1-6)

Orazione: Maria, nel Cenacolo hai consolato ed incoraggiato gli Apostoli alla testimonianza, San Gaetano ha sempre invocato il Tuo aiuto per testimoniare l'amore di Dio, fa' che sul suo esempio anche noi possiamo essere degni testimoni, dell'annuncio di salvezza.

Si reciti un *Padre Nostro*, dieci *Ave Maria* ed un *Gloria al Padre*. Successivamente le giaculatorie.

4. Ora la Sovrana dei Santi e degli Angeli, la Madre del Verbo trionfante Assunta nella Beatitudine, siede accanto a Lui sul trono più alto, alla sommità del cielo; per Lei giungono gli uomini alle vie della Grazia, perché Dio ha voluto che tutto si ottenga per mezzo Suo. (cfr LG 59)

5. *Orazione:* Regina della Grazia, San Gaetano ha sempre agito dopo aver chiesto il Tuo aiuto, certo che Tu lo avresti ascoltato. Donaci la stessa fiducia affinché il nostro io non si insuperbisca.

Si reciti un *Padre Nostro*, dieci *Ave Maria* ed un *Gloria al Padre*. Successivamente le giaculatorie.

6. La Madre della Misericordia intercede presso il Figlio e presso il Padre. Santo Rosario, sei la corona che lega l'umana natura alla Regina del cielo, la preghiera angelica, l'ora di paradiso sulla spoglia terra, che con l'intercessione di Maria cambia le spine e i cardi che la terra dà all'uomo, in rose profumate della divina grazia. (cfr LG 59)

Orazione – Maria Rosa Mistica, San Gaetano ha sempre dialogato con Te pregando con la Preziosa Corona. Dona anche a noi il desiderio di fare nostra la recita del Rosario per sentire ancora di più la Tua presenza accanto a noi.

Si reciti un *Padre Nostro*, dieci *Ave Maria* ed un *Gloria al Padre*. Successivamente le giaculatorie.Si reciti adesso un *Padre nostro*, *Ave Maria* e *Gloria al Padre*, secondo le intenzioni del Sommo Pontefice.

Adorazione Eucaristica Diaconale
Secondo gli scritti di S. Gaetano Catanoso

Eccoci qui riuniti dinanzi alla Tua divina presenza, o Gesù Sacramentato, per presentarti l'omaggio della nostra umile adorazione.
Ti adoriamo,o Gesù e vorremmo adorarTi come ti adorò la madre Tua e mamma nostra Maria Santissima, quando T'incarnasti nel suo seno verginale. Tu allora, operasti un miracolo di amore, nascondendo nell'umanità la Tua divinità.
Sull'altare però, Tu operi un prodigio più grande poiché nell'Ostia nascondi non soltantola divinità ma anche l'umanità.
Ti adoriamo come Ti adorò Santa Elisabetta quando la Tua Santa Madre Maria Ti portò nella sua casa. Oggi facciamo nostre le Sue parole: "A che debbo che la Madre e il mio Signore venga a me?
"Ti adoriamo Signore come Ti adorarono i pastori e i Magi nell'umile casa di Betlemme.
Tu o Signore hai lasciato il trono della Tua gloria, per venire in mezzo a noi ad istruirci, e continui a farlo, sull'altare, dove, chiamato dai tuoi ministri scendi ogni giorno dal cielo per rialzarci,Ti abassi per ingrandirci, Ti annienti per donarci i Tuoi celesti tesori.

RINGRAZIAMENTO

Quali grazie Ti renderemo, o Gesù, per i benefici che ci hai fatto?
Chiamati, senza merito, dal nulla all'esistenza, di quanti doni ci hai colmato nell'ordine naturale, tutto hai ordinato sapientemente a nostroservizio e vantaggio! Che dire poi dei benefici, di cui ci arricchisti nell'ordine della grazia?Schiavi di Satana, ed oggetto di riprovazione al cielo e alla terra;
Tu Gesù ci togliesti dal sonno della morte,ci lavasti dal peccato originale con le acque del Battesimo, ci hai fortificati col Sacro Crisma, donandoci lo Spirito Santo ci hai arricchiti con i suoi doni. il più grande fra tutti lafraternità alla Tua Divina Persona, e l'eredità della vita eterna.

Come se non bastasse Ti doni continuamente nella Santa Eucaristia.
Quante volte ci hai tratto dall'abisso della colpa?
Per mezzo dell'Angelo Custode accompagni i nostri passi suggerendoci di compiere il bene. Ci hai donato la maternità e la paternità per avvicinarci sempre più a Dio Padre.
*Chiamandoci al lettorato ci conferisti il diritto e il dovere di leggere pubblicamente nellaChiesa le lezioni della Sacra Scrittura.
*Con l'Accolitato ci hai donato una stretta vicinanza alla Divina Eucaristia, permettendoci di presentare solennemente al Diacono il pane,il vino e l'acqua per il divino Sacrificio.
*Ma grazie maggiori, o buon Gesù, abbiamoricevuto quando ci hai resi partecipi della regalità dell'Ordine chiamandoci al servizio Diaconale. Il Divin Paraclito scendendo su di noi ha portato i Suoi doni, specialmente quellodella sapienza, e della fortezza per vivere e lottare contro il maligno.
Servire nel Tuo nome i fratelli ed elevare il Calice del Sangue da Te versato per la nostra salvezza fà di noi Tuoi rappresentanti e ministri delle Tue grazie.
Non è sufficiente tutta la nostra misera esistenza per dirti grazie Signore per i tuoi innumerevoli benefici.

PERDONO

Signore Gesù noi siamo sempre instabili, inquieti,insoddisfatti,ingrati, perché vaghiamo tra cose finite, siamo impauriti dal mistero della fine, della morte.
Più passa il tempo e più vediamo svanire ciò che crediamo di avere afferrato.
Perdonaci Signore e donaci il desiderio del nutrimento Eucaristico, per sperimentare che chi mangia di Te vivrà in eterno, e supererà la morte.
Fa che il nostro desiderio sia di riposare in Te fonte inesauribile di vita eterna.

DOMANDA

Ti domandiamo ora Gesù le grazie che Tu, sempre così buono non ci negherai. Esse sono per la gloria Tua e sono queste:
Apri i nostri occhi chiusi per l'egoismo, allacomunione fraterna.
Siano le nostre famiglie protette dalla Tua misericordia, i figli che ci hai donato segno del Tuo amore e testimoni gioiosi della Tua presenza.

Donaci di essere fedeli al mandato che ci hai dato attraverso l'Ordine e fedeli servitori del Tuo amore.
*"Voi sapete ciò che vi ho fatto? Voi mi chiamate Maestro e Signore e dite bene, perché lo sono.
Se dunque Io, il Signore e il Maestro, ho lavato i vostri piedi, anche voi dovete lavarvi i piedi gli uni gli altri."(Gv.13,12-14s)
Signore il Tuo esempio sia per noi motivo di gioia nell'imitarlo.

Oh Gesù facci essere Cristiani

Benedizione Eucaristica
Tantum ergo Sacramentum

Tantum ergo Sacramentum
veneremur cernuiet
anticuu, documentum
novo cedat ritui:
praestet fides supplementum
sensuum defectui.
Genitori Genitoque
laus et jubilatio
salus onor, virtus quoque
sit et benedictio;
procedenti ab utroque
compar sit laudatio.
Amen

C: Ci hai dato, Signore, il pane disceso dal cielo.
Ass. Che porta in sè ogni dolcezza
Preghiamo:
Signore Gesù Cristo, che nel mirabile sacramento dell'Eucarestia ci hai lasciato il memoriale della Tua Pasqua, fa' che adoriamo con viva fede il santo mistero del Tuo Corpo e del Tuo Sangue, per sentire sempre in noi i benefici della Redenzione. Tu che vivi e regni nei secoli dei secoli. Amen.

Invocazioni
Dio sia Benedetto.
Benedetto il Suo Santo Nome.
Benedetto Gesù Cristo, Vero Dio e vero uomo.
Benedetto il nome di Gesù.
Benedetto il Suo sacratissimo Cuore.
Benedetto il Suo preziosissimo Sangue.
Benedetto Gesù nel Santissimo Sacramento dell'altare.
Benedetto lo Spirito Santo Paraclito.
Benedetta la gran Madre di Dio, Maria Santissima.
Benedissima la Sua santa immacolatoa Concezione.

Benedetta la Sua gloriosa Assunzione.
Benedetto il nome di Maria, Vergine e madre.
Benedetto San Giuseppe, Suo castissimo Sposo.
Benedetto Iddio nei suoi angeli e nei Suoi Santi.

Litanie della Madonna

Signore, pietà,	*Cristo, pietà*	“
Signore, pietà,	*Cristo, ascoltaci*	“
Cristo, esaudiscici		
Dio, Padre celeste,	*abbi pietà di noi*	“
Dio Figlio, Redentore del mondo,		“
Dio Spirito Santo,		“
Trinità Santissima, unico Dio		“
Santa Maria,	*prega per noi*	“
Santa Madre di Dio		“
Santa Vergine delle vergini,		“
Madre di Cristo,		“
Madre della Chiesa,		“
Madre della consolazione		“
Madre purissima,		“
Madre castissima,		“
Madre sempre vergine,		“
Madre intemerata,		“
Madre amabile,		“
Madre ammirabile,		“
Madre del buon consiglio,		“
Madre del Creatore,		“
Madre del Salvatore,		“
Vergine prudentissima,		“
Vergine venerabile,		“
Vergine degna di lode,		“
Vergine potente,		“
Vergine clemente,		“
Vergine fedele,		“
Specchio di giustizia,		“

Sede della sapienza,		"
Causa della nostra gioia,		"
Tempio dello Spirito Santo,		"
Tempio degno di onore,		"
Modello di vera pietà,		"
Rosa mistica,		"
Torre di David,		"
Torre di Avorio,		"
Casa d'oro,		"
Arca dell'alleanza,		"
Porta del Cielo,		"
Stella del mattino,		"
Salute dei malati,		"
Rifugio dei peccatori,		"
Conforto degli afflitti,		"
Aiuto dei Cristiani,		"
Regina degli Angeli,		"
Regina dei Patriarchi,		"
Regina dei Profeti,		"
Regina degli Apostoli,		"
Regina dei Martiri,		"
Regina dei Confessori,		"
Regina delle Vergini,		"
Regina di tutti i santi,		"
Regina Concepita senza peccato Originale,		"
Regina Assunta in cielo,		"
Regina del Santo Rosario,		"
Regina della pace,		"
Agnello di Dio, che togli i peccati del mondo,	*perdonaci*	"
Agnello di Dio, che togli i peccati del mondo,	*ascoltaci*	"
Agnello di Dio, che togli i peccati del mondo,	*abbi pietà di noi*	"

Orazione: O Dio, il tuo unico Figlio con la Sua vita, morte e risurrezione ci ha aperto le porte del regno dei cieli: donaci che meditando questi Santi Misteri del Santo Rosario, sull'esempio di San Gaetano Catanoso, imitiamo ciò che contengono e otteniamo ciò che promettono. Per Cristo nostro Signore. Amen

Se ti trovi davanti al tabernacolo e tieni in mano questo libretto, leggendo questi versi prega San Gaetano Catanoso perché la sua intercessione ti preservi da cadute mortali.

Preghiere per ogni tempo

Il Silenzio

Il silenzio non e mancanza di voce.
La voce deve aiutare il silenzio perché questi possa parlare.
Fare silenzio significa aspettare la risposta di Colui che ti vuol parlare.
Dio non ha bisogno delle parole della tua bocca;
il silenzio fa parlare il tuo cuore.
Lui l'ascolta e nel silenzio ti apre la porta dove
regna la Sua misericordia.
Se nel silenzio apri il tuo cuore,
Dio lo inonda del Suo amore.
Anche se la tua mente ti porta lontano,
la speranza ti tende la mano,
con questa santa compagnia
ritroverai illuminata la tua via.
Cammin' facendo ti accorgerai
che la tua fede stretta terrai,
fino a quando Dio non ti dirà:
"Sii testimone di fraternità".
Allora capirai l'inno alla carità.

Affresco altare Maggiore Chiesa di San Gaetano Catanoso (RC)

La via della Croce

Ho pensato di dialogare con il Signore
per capire meglio quale possa essere la via della croce.
Allora gli ho chiesto “Signore, quale è la via della croce, è forse la via del calvario?”
Mi rispose: “Quello è solo l’ultimo tratto ed è comunque la mia Via della croce”.
Gli chiesi. “Dove comincia? Significa che anch’io ne ho una?”
E Lui “Vedi figlio mio, ogni uomo, anche chi non mi conosce, s’incammina sulla via della Croce dal momento in cui emette il primo vagito.
Spetta ai Cristiani che l’hanno già percorsa e mi conoscono più a fondo aiutarti a trovarla.
Quando avrai trovato la tua Croce ti manifeste-rò la mia gloria.”

Icona della SS. Trinità di Rublev

Le tre sorelle

Fede, Speranza e Carità
La prima si chiama Fede,
si pone sempre alla tua sinistra dove c'è il cuore,
pronta ad iniettarti il divino amore.
Questo ti servirà per non sentir pesante la croce che verrà.
La seconda si chiama Speranza,
sta sempre nella tua testa e si nutre di quello che gli porta il cuore.
Ti serve sempre a riprendere forza e a ricordare che Dio non ti prova mai senza darti l'aiuto che gli chiederai.
"Non scoraggiarti – dice – abbi Fede in Dio e vedrai che il maligno disarmato lascerai e su di lui vincere potrai".
La terza si chiama Carità,
sta sempre alla tua destra pronta a seminare il divino amore che senti nel tuo cuore e che la tua mente ti spinge a comunicare.
Se ti senti debole davanti alle prove e incapace di essere testimone,
chiedi a Dio le tre sorelle e vedrai che suo araldo diventerai.
Non ci sono doni più grandi che puoi sperare di avere:
La Fede sorretta dalla Speranza e alimentata dalla Carità.

Icona della SS. Trinità con la Vergine Maria e San Giovanni del diacono reggino Mario Casile

Corpus Domini

Sii benedetto Dio
per il Tuo Figlio Gesù Cristo,
per la Vergine Maria,
per la Chiesa.
Tu hai donato all'umanitàla
gioia della paternità e della maternità
che da Te traggono origine.
Donaci in questo giorno,
in cui la tua Chiesa celebra la ricorrenza del Corpus Domini:
la gioia di nutrirci, insieme ai figli che ci hai donato,
del Corpo e del Sangue del Figlio Tuo e nostro Signore Gesù,
per essere degni di far parte della Tua eredità.
Vergine Madre guida i nostri passi
alla riscoperta dei doni di Dio. Amen.

Quadro raffigurante Sant'Anna di Enrica Arillotta. Venerato persso la Chiesa di San Gaetano Catanoso (RC)

Preghiera a Sant'Anna

Oh! S. Anna, madre della celeste regina, Maria
che hai visto esaudita la tua preghiera
ed hai ricevuto il dono della maternità
ed insieme al tuo santo sposo Gioacchino,
avete educato la futura madre di nostro Signore
alla sapienza delle scritture.
Intercedi presso la misericordia di Dio,
affinché le nostre famiglie,
non disprezzino il dono della maternità,
e della paternità che proviene da Dio.
Aiutaci affinché impariamo da te,
ad educare i figli che Dio ci ha donato,

al suo santo timore.
Insegnaci a scoprire insieme a loro
la libertà, che è frutto della fede.
Indicaci la via che ai indicato
alla divina tua Figlia e nostra madre Maria.
Insegnaci a pregare,
affinché le nostre suppliche, siano esaudite.
Prega per noi il tuo divino nipote
e nostro Signore che ci preservi dal male.
Soccorri i giovani,
affinché non siano trasportati sulla via del male.
Insegna loro a scoprire i doni di Dio.
Amen.

San Gaetano CatanosoFondatore delle Suore Veroniche del Volto Santo

... riflessioni di San Gaetano

Portiamo Cristo in trionfo nel nostro cuore Consoliamo il nostro buon Gesù, specialmente oggi che con grato riconoscimento lo portiamo processionalmente per le vie dei nostri quartieri. Non È il trionfo Suo che Egli cerca nella solennità del Corpus Domini, Egli Cerca il trionfo nostro, sul mondo, sulla carne sul demonio, all'ombra del suo vessillo.

Egli vuole che il nostro cuore cibato delle Sue carni, dissetato dal Suo sangue, Trionfi sugli infiniti nemici che ci ostacolano il cammino verso la perfezione cristiana. "Sursum corda, in alto i cuori"; se essi sono afflitti saranno consolati da Lui. I freddi saranno riscaldati, gl' infermi saranno risanati - E voglia il Buon Gesù

dalla sua augusta prigione benedire noi, le nostre famiglie, la nostra città, la cara patria, il mondo intero.
Le circostanze attuali ci permettono di portarlo in trionfo nel sacro Ostensorio, più ancora siamo chiamati a portarlo sempre in trionfo nel nostro cuore, nella nostra anima. Forse non troverà il buon Gesù nel nostro cuore lo splendore dell'oro, né il candore della neve A questa mancanza supplirà colla sua grazia facendoci vivere in Lui in Lui morire e risorgere per tutta l'eternità!
Cosi sia.
Se vogliamo adorare il Volto Santo di Gesù e non l'immagine sola, questo Volto noi lo troviamo nella divina Eucaristia.
Dove col Corpo e Sangue si nasconde sotto il bianco velo dell'ostia il Volto di Nostro Signore.
Dunque l'ostia è per noi come un velo; con questa differenza: il Velo di S. Veronica mostra a noi i lineamenti, l'immagine del Volto di Gesù, mentre il velo eucaristico, se noi lo guardiamo con gli occhi della fede attraverso le sacre specie, ci mostra non i lineamenti, ma vivo e vero tutto Gesù.
Molte volte Gesù Sacramentato ha voluto mostrare al suo popolo devoto che lo adorava nella Eucaristia le fattezze del suo santo Viso.
Uno di questi miracoli è avvenuto un paio d'anni fa in Spagna.
Mentre il popolo devoto adorava l'Ostia solennemente esposta nell'Ostensorio, le Sacre Specie sparirono ed apparve allo sguardo di tutti il Volto adorabile di Gesù Coronato di spine e grondante di sangue.
(il Volto Santo, Settembre 1936)

Preghiera a San Gaetano Catanoso

San Gaetano,
che hai visto e cercato sempre nel volto del prossimo il volto di nostro Signore Gesù e nel servizio sacerdotale nulla hai lasciato d'intentato pur di manifestare l'amore che s'irradia dal volto di Cristo;
intercedi presso il trono dell'Altissimo, affinché il clero della Chiesa Reggina – Bovese confidi come hai fatto tu nell'aiuto dello Spirito Santo;
aiuti i fedeli a riconoscere nella loro vita la volontà di Dio,li accompagni con amore fraterno alla scoperta della Sua misericordia;faccia scoprire i doni sacramentali ed apprezzare il dono della vita.
Ti preghiamo San Gaetano, per la Parrocchia che la Chiesa ha voluto mettere sotto la tua protezione.
Fa' sì che sul tuo esempio possiamo ricercare la comunione che è frutto della fede.
Donaci la gioia di veder nascere vocazioni sante e famiglie cristiane che si possano definire piccola Chiesa domestica dove l'altro è Cristo.
Amen.

Novena a San Gaetano

O Dio vieni a salvarmi.
Signore, vieni presto in mio aiuto.
Gloria al Padre
Volto Santo di Gesù, unico mio bene,
a Te ricorro con fiducia ed imploro questa grazia.
Per le Tue sante lacrime consolami, o Gesù, ed esaudiscimi per l'intercessione di Maria Santissima e di S. Giuseppe.
Padre Nostro - Ave Maria - Gloria al Padre.

Volto Santo di Gesù, mio amore e mio tutto,
a Te ricorro con viva fede, non sarò deluso.
La soavità dei Tuoi occhi divini mi attira e di Te m'innamora,
guardami, o Gesù e concedimi questa grazia.
Padre Nostro - Ave Maria - Gloria al Padre.
Volto Santo di Gesù, mia gioia e mio tesoro,
a Te ricorro pieno di fiducia nelle tue infinite misericordie.

Sono indegno e vero di essere esaudito, eppure lo spero,
o Gesù dalla Tua Bontà questa grazia che umilmente Ti chiedo.
Padre Nostro - Ave Maria - Gloria al Padre.

Ave Maria

La più dolce, profonda e celestiale preghiera della Chiesa.
Se nel mondo ci fossero ancora dei veri cristiani, non potrebbero pronunziare le parole senza cadere in estasi. Il suo contenuto, diviso in tre parti è sublime.
Nella prima parte compare l'Angelo, s'inchina, poi quasi con tocchi d'arpa, annunzia alla Vergine sine labe la volontà dell'Eterno.
Nella seconda, la madre del Precursore, ospitando l'Eletta fra le donne, ne benedice il grembo immacolato, che custodisce il mistero dell'incarnazione divina.
Nella terza, tutta la Chiesa militante, volgendosi alla Regina degli Angeli, ne invoca l'intercessione, presso il Figlio, che le sta a fianco, nella Gloria Eterna.
L'intero poema divino ed umano del Cristianesimo è qui.
Ma forse, mentre il mondo agonizza, nessuno s'affaccia adorando su questo abisso d'amore.
San. Gaetano Catanoso (dicembre 1923)

Piccola Salve Regina Eucaristica

Salve, Regina, Madre di bontà
Dacci fede, speranza e carità,
Gementi e piangenti corriamo a Te
Per noi presenti al sommo Re;
Qual Ester novella tutto otterrai,
tua prece vana non resta mai
benigno sia dal santo altare,
chi uomo si fece per farsi amare,
per noi adorarlo nel Sacramento
in tutte le ore ed in ogni momento,
e al fin o gran Madre dopo l'esilio
nel Ciel deh! Mostraci il Tuo Bel Figlio.
Amen

San Gaetano Catanoso (1921)

Parrocchia “San Gaetano Catanoso”Via del Gelsomino - (RC)Arcidiocesi di Reggio Calabria - Bova

Printed by Books on Demand GmbH, Norderstedt / Germany